Augenblicke

Sascha A. Wanke

Augenblicke

Gedichte, Texte und Eindrücke

mit Zeichnungen von Otti Wanke

Bibliografische Information der Deutschen Nationalbibliothek:
Die Deutsche Nationalbibliothek verzeichnet diese Publikation in der Deutschen
Nationalbibliografie; detaillierte bibliografische Daten sind im Internet
über http://dnb.d-nb.de abrufbar

© 2010

Herstellung und Verlag: Books on Demand GmbH, Norderstedt

ISBN: 9783839140536

Eingang

Die Neugier hat mich getrieben.
1986 begann ich damit meine Gefühle und Gedanken
aufs Papier zu bringen. Gesammelt habe ich meine
Eindrücke, Texte und Gedichte in inzwischen fünf
Büchern. Es sind einfache Kladden, die wie ein
Tagebuch anmuten. Sie sind in Schönschrift verfasst,
bebildert und eingerahmt von Liedtexten und Zitaten
anderer. Kein wichtiger Moment der letzten 24 Jahren ist
den fünf Büchern entgangen. Sie sind mein Schatz,
meine persönlichen Freunde. Sie begleiten mich und
mein Leben. Hin und wieder gingen sie sogar mit auf
Reisen.

Nun treibt mich wieder die Neugier.
Es kommt ein weiterer Schritt. Der Schritt, meine
Gedanken in gedruckter Form zu zeigen. Eine Auswahl
meiner fünf Begleiter ist nun in diesem kleinen Band
erschienen. Ich lade sie ein. Nehmen sie an meinen
„Augenblicken" teil. Ich hebe den Vorhang für die große
Liebe und die kleinen Leiden, für die Wiederkehr
gelebter Momente und die Erkenntnis, dass diese
„Augenblicke" es auch in Zukunft wert sind lyrisch zu
betrachten.

Am ersten Tag
den Körper
auf die zittrigen Beine gestellt

Am zweiten Tag
den Schritt
langsam nach vorne gewagt

Am dritten Tag
das Gefühl
ganz innen im Bauch entdeckt

Am vierten Tag
die Hand
nach dir ausgestreckt

Am fünften Tag
hast du
sie in deine gelegt

Am sechsten Tag
die Kreuzung
in verschiedenen Wegen passiert

Am siebten Tag
den Körper
wieder auf die Erde gelegt

1996

- Versteckte Signale -

normale Nähe
mit angestauter Fröhlichkeit.
nette Zweisamkeit
mit einem Hauch Distanz.
verstohlene Blicke,
die gezielt
aneinander vorbeigehen.
Funkstille
oder vielleicht doch
versteckte Signale?

1994

Dein offenes Hemd
zerstreut meine Gedanken
und lässt mich
erregt zurück

Dein blendender Blick
zerstört meinen Willen
und lässt mich
überrumpelt zurück

Dein reißerisches Lächeln
zerstückelt meine Seele
und lässt mich
übermütig zurück

Dein treuer Freund
zermürbt mein Hoffen
und lässt mich
besiegt zurück

2000

- Fremde Welt -

Nimmst du mich
an die Hand
und führst mich
durch die neue Pforte,
ducke ich mich schnell
und komme mit

An deine Schritte
hefte ich mein Leben
und überlasse dir
die Richtung
in die wir gehen,
in die fremde Welt

Ich schaue nicht zurück
und auch nicht nach unten
Ich sehe dein Gesicht,
verliere mich darin
und nehme dankend den Halt
durch deine Hand

1996

- Glücklich -

Wenn dein heißes Feuer
mich in Brand setzt
und ich ihn nicht
mehr löschen kann,
bin ich glücklich

Wenn dein tiefes Atmen
mich in Fahrt bringt
und ich sie nicht
mehr stoppen kann,
bin ich glücklich

Wenn dein Abschiedskuss
mich in die Wüste schickt
und ich nun nicht
mehr bei dir bin,
war ich glücklich

2006

Da war mein kurzes Aufblicken,
das blitzend erstarrte

Da war mein kurzes Lächeln,
das zur Bewunderung wuchs

Da war die erste Berührung,
die zum Festhalten wurde

Da warst du,
der mich in den Himmel hob

1996

- Du -

Gelb schillernder Nebel
über den verlorenen Gefühlen

Schwarz glänzendes Licht
in deinen verweinten Augen

Dunkelroter Hauch,
der aus deinem Atem schwirrt

Tödlich stechender Blick
und zum letzten male Gänsehaut

Ein eisiger Luftstrom berührt mich
und deine langen Haare
fegen mir durch das Gesicht
während du dich umdrehst,

für immer

1989

- Moment -

Meine
peitschende Sehnsucht
in deiner Nähe
dem Moment überlassen

Meine
mächtigen Gefühle
unter deinem Blick
dem Moment überlassen

Meine
allergrößte Liebe
in deinen Armen
dem Moment überlassen

1997

- mal wieder -

edle Versuchung
in atemberaubender Spannung

selige Verharrung
in stürmischer Begierde

glänzende Verliebung
in grandioser Weise

schnelle Verabschiedung
in kürzester Zeit

2006

Wachgerüttelt
erblicken meine Augen
das grelle Licht
der neuen Gegenwart
Der Traum ist aus
doch weit hinten
ist der Platz
an dem
ein neuer Traum beginnt
Ich breche auf
um dort anzukommen

1997

- Versunken -

Ungewohnt nah
spüre ich deinen Atem
Er haucht mir eine Gänsehaut
und lässt mich neu leben

Ungewohnt sanft
spüre ich deine Berührungen
Sie bringen mir ein Kribbeln
und heben mich nach ganz oben

Ungewohnt weich
spüre ich deine Lippen
Sie küssen mir die Liebe
und lassen mich versinken

1996

- Schritte -

Lust
empfunden
Wie auf dem
Drahtseil
stehend,
das Gefühl
vergangen

Last
empfunden
Wie auf den
Berg
steigend,
den Halt
verloren

Leben
empfunden
Wie auf der
Stelle
tretend,
den Sinn
verworfen

2010

Ich habe ein Körnchen gefunden,
in einer Düne
Ich trage es davon
und bette es in deinen Schoß
Vielleicht keimt darin
ein neues Gefühl

Ich habe eine Feder gefangen,
unter einem Nest
Ich trage sie davon
und stecke sie in dein Haar
Vielleicht wächst daraus
ein neues Kleid

Ich habe eine Muschel gefischt,
an einem Riff
Ich trage sie davon
und lege sie in deine Hand
Vielleicht erwacht darin
ein neues Leben

2000

- Flügel -

Vom Rand der Klippe
mit breiten Armen
dem Himmel ins endlose Blau
entgegen gesprungen

Fliegend in der Luft
ein Handschlag mit dem Engel,
durch die Sonnenstrahlen
in die große Weite hinaus

Im Sturzflug zurück
zum Fels des Aufbruchs
Den Weg wieder aufgenommen,
die Flügel abgefallen

1997

Ein angenehmes Flüstern
umgibt deine Sehnsucht

Meine Gedanken hauchen
dir echte Zustimmung

Das gefundene Wort
umkreist dein Wollen

Es erwischt mich schwer
und ich greife danach

Eine schlimme Niederlage
wird es jetzt nicht mehr geben

Wie ein Blitz traf es uns

Ein Leuchten umgibt nun
unser unbedingtes Hoffen

So unglaublich viel mehr
als wir jemals dachten

2006

Der Brief an dich
bleibt ungeschrieben.
Meine Gedanken
sind voller Worte,
doch sie stecken fest
aus großer Angst,
sie könnten zerstörender
in Freiheit sein,
als nagend
in meiner Seele

1998

- Saphir -

Nach langem Graben
entdeckte ich
den versteckten Saphir
Ich bewunderte
seine Schönheit
Strahlende Farben
glitzernd und angenehm
Als ich satt war
grub ich ihn

wieder ein

2000

- Seitenblick -

Neulich,
da sah ich einen Menschen,
der mit starrem Blick
entlang einer Häuserwand,
entlang einer Straße ging.
Sein Blick richtete sich
in die Ferne,
auf die Zukunft,
die uneinschätzbar ist.
Ein Blick zur Seite
gab es für diesen Menschen nicht.
Da merkte ich,
dass ich auch so bin
und blickte mich schnell
nach allen Seiten um

1989

- Nicht -

Du drehst dich herum
und ich wünsche mir
aus unserem Paradies
nicht entfliehen zu müssen

Du lachst laut auf
und ich hoffe darauf
aus unserem Leben
nicht entwischen zu müssen

Du verschwindest rasch
und ich bete dafür
unsere Gemeinsamkeit
nicht vergessen zu müssen

2010

- Nun -

Da standest du vor mir
mit deinem Lächeln
Es war so lang her,
dass ich dich sah
und nun verbarg ich
was nach außen drang

Da standest du vor mir
in tiefer Stille
Es war so lang her,
dass ich von dir hörte
und nun log ich
was ich sprach

Da standest du vor mir
im hellen Licht
Es war so lang her,
dass ich an dich dachte
und nun erkannte ich
was in mir loderte

2006

- Vergeblich -

Als du mein Vertrauen
schonungslos anzapftest
blicktest du weit und tief
in den hohlen Abgrund
meines harmlosen Lebens.
Abgelegt und aufgedeckt
wie ein altes Kartenspiel
endete die kurze Affäre
widerstandslos verlogen.
Mit blanker Öffentlichkeit
trieb sich der pure Scham
in mein leises Empfinden.
Bloßgestellt und müde
kroch ich angeschlagen
in mein Schneckenhaus

zurück

2010

Verlorener Sand
im Zeitgetriebe
sammle ich
flugs wieder auf
um damit für dich
eine Burg zu bauen

1998

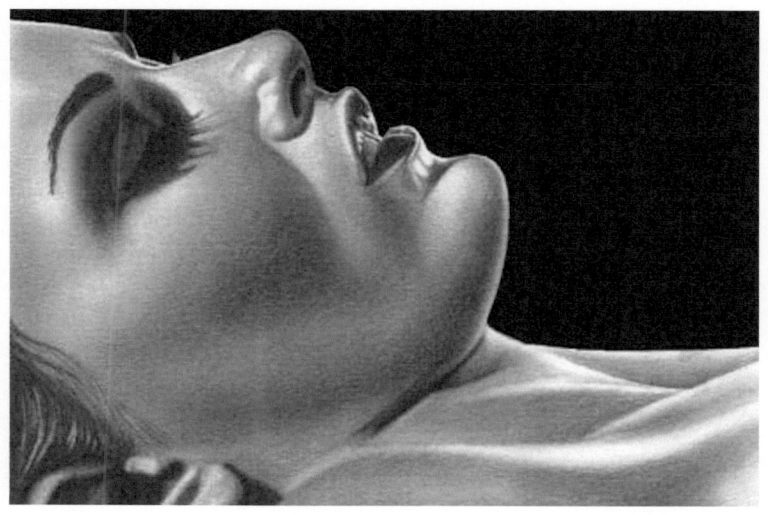

Seine lachenden Augen
sind voller Magie
Seine sprühenden Gefühle
und die angenehmen Worte
lassen mich erzittern

An sein Wesen gelehnt
mit einem Prickeln im Kopf
werde ich schwächer,
wissend, dass unsere
gemeinsame Liebe

in die Unendlichkeit
entlassen ist

2006

An der Klippe zum Licht,
da werde ich dich finden
Ich schließe meine Arme um dich,
versinke in deinem Herz

Auf dem Weg zur Sonne,
da werde ich dich begleiten
Ich ebne die Bahn für dich,
baue dir eine Brücke zum Glück

Am Ende des Regenbogens,
da werden wir verharren
Ich halte deine Hand ganz fest,
umhülle dich mit meiner Liebe

1998

- Eine Nacht im Nebel -

Da laufe ich über die Steine
springe im Dreieck über Barrikaden
Einen Moment halte ich still
und verbringe eine Nacht im Nebel

Die Augen weit aufgerissen
die Ohren auf Durchzug gestellt
Voran tastende Arme im Dunst
verbringe ich eine Nacht im Nebel

Auf die leisen Herztöne gehört
das Wälzen im Bauch beobachtet
erkenne ich endlich Umrisse
und verbringe eine Nacht im Nebel

1996

Versteckt nehme ich wahr,
dass dein liebes Gefühl
ein weites und großes,
offenes Meer darstellt.

Während ich es mit
Vorsicht durchschwimme,
versuche ich möglichst
nicht darin unter zugehen.

Der salzige Geschmack
verwirrt mein Leben
in angenehmer Weise.

Das kalte Wasser
umschmiegt meine
durstige Sehnsucht.

Land kommt in Sicht
und ich freue mich,
bald wieder mit dir

festen Boden
unter unseren

Füßen zu haben.

2007

- Sekundenglück -

Im Laufschritt erobert
versprüht mein Herz
fließende Leichtigkeit

Wie Gold unter Wasser
verschwommen erahnt
erkenne ich es leicht

Die Sinne schwirrend
um das Gefühl herum
erlebe ich staunend

das Sekundenglück

2001

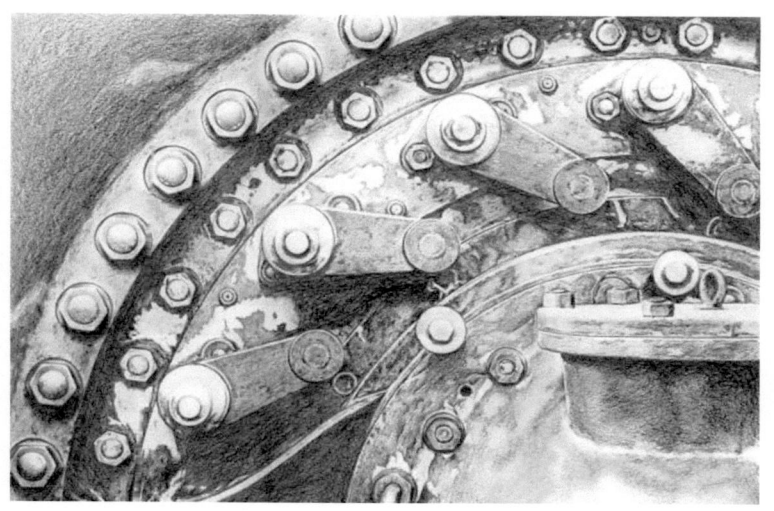

Immer wieder verscheuche ich
die drohende Dämmerung
mit dem goldenen Glanz
meines kleinen Spiegels,
dessen Leuchten ich
nach oben schicke,
um meine heimliche,
leidenschaftliche Sehnsucht
ins weite Firmament
zu projizieren.

1998

- Besser -

Es geht nun besser,
nachdem ich angestrengt
über uns nachdachte
und du mir entrinnst

Es geht nun besser,
nachdem ich willentlich
über uns hinweg schritt
und du mir entgleitest

Es geht nun besser,
nachdem ich überzeugt
über uns alles zerbrach
und du mir vergibst

Es geht nun besser

2010

- Anblick -

Ich wanderte entlang den Höhen
balancierte den schmalen Grad
Ich umspannte jeden Baum
mit leuchtenden Fäden der Liebe
zog die Verbindung von Ast zu Ast
verknotete meine Lust darin
Von weitem betrachtete ich mein Werk
und genoss den weichen Anblick

1996

- Beieinander -

Bei mir fällst du weich
wenn du nach mir springst

Ich ziehe den Vorhang auf
und das Licht scheint auf uns

Leicht wie eine Feder
fühle ich mich bei dir

Ein schwebendes Glück
erkenne ich in uns

Zusammengekuschelt
liegen wir schweigend

und still beieinander

2006

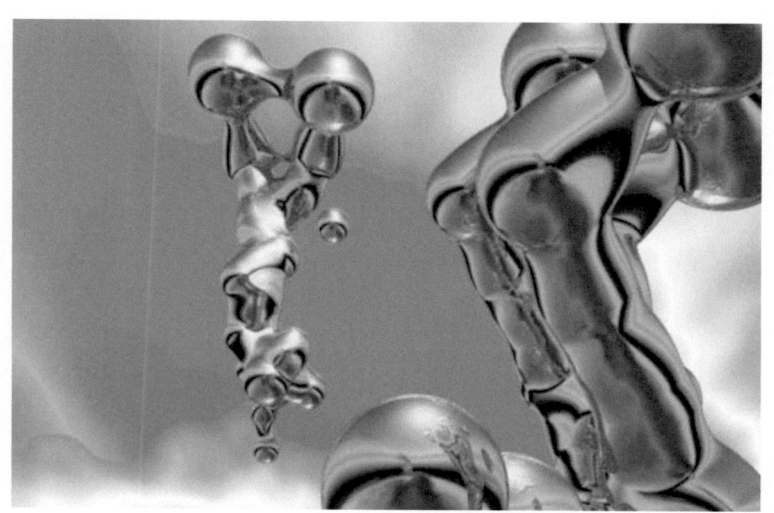

Den Abstand gemessen
am Abgrund gestanden
angelaufen und gesprungen

Die Höhe erklommen
den Gipfel erreicht
gefreut und wieder abgestiegen

Am Feuer gesessen
die Geschichten erzählt
Tränen weggewischt, vorbei

1996

- Dann -

Wenn die Nacht fällt
die Schatten leben
wenn die Dunkelheit
meine Augen umgibt
dann denke ich an dich

Wenn die Farben in meinem Kopf
die Sinne umkreisen
wenn das Kribbeln
meinen Körper erobert
dann denke ich an dich

Wenn die Lust nach mir greift
das Schöne mich überkommt
wenn ich rufe
mein Atem sprüht
dann denke ich an dich

Wenn ein Lächeln kommt
das Herz schlägt
wenn der Wunsch übermächtig
das Flehen der Seele noch größer ist
dann
ja, dann denke ich an dich

1996

Im Augenblick
sehe ich dich
und verfalle dir
So wird dieser Moment
zum persönlichen Waterloo

2000

Auch wenn die Nacht
noch nicht entschwunden scheint
freue ich mich ganz fest
auf das kühle Morgengrauen
Dann stirbt die Dunkelheit
und mein Herz beginnt wieder
für diesen Einen zu schlagen

2001

- Experiment -

Fest an deiner Hand gehalten
Gemeinsam ein Stück Leben gehend
Aufgeregter Herzschlag
Ein Experiment

Fest in deine Augen geschaut
Gemeinsam ein Stück Leben träumend
Zitterndes Bewusstsein
Ein Experiment

Fest an deine Seite gelegt
Gemeinsam ein Stück Leben liebend
Bebender Körper
Ein Experiment

2006

Süß flackert
der Lichtschein
im Spiegel
deiner Augen
Ich lächle
und halte dein
kleines Herz
warm an mich
gedrückt

2000

Verwunderung in deinen Augen
Dein lächelndes Gesicht
unterwirft sich deinen Gefühlen
Kaltschnäuzig rufst du meinen Namen
und ummalst ihn mit leichtem Kichern
Wenn ich dann nach dir springe
gehst du einen Schritt zurück

1993

- Wir -

Verwunschen
schleicht sich
dein weiches
Seelchen
in mein Leben

Aufatmend
erwidere ich
mit Mut
deine Blicke
und gewinne

Verliebt
greifen wir
unser Glück
zitternd
mit den Händen

Angenehm
entwickelt sich
unvermeidlich
das Wesen
Zweisamkeit

2010

- Freier Fall -

Die Stricke sind gelöst
Vom Ufer hinweg
über hohe Wellen
im freien Fall

Die Schuhe sind gebunden
Vom Zuhause hinweg
über Stock und Stein
im freien Fall

Die Flächen sind ausgefahren
Vom Boden hinweg
über dicke Wolken
im freien Fall

Die Gefühle sind befreit
Vom Alleinsein hinweg
über liebende Momente
im freien Fall

2006

- Erblühen -

Im Blitzen deiner Augen
habe ich das Leuchten gesehen
Ich stelle mich in diesen Schein
um seine Wärme zu fühlen

Im Schall deines Lachens
habe ich die Melodie gehört
Ich komme ganz dicht heran
um sie singen zu hören

In der Süße deiner Küsse
habe ich die Liebe gespürt
Ich halte sie so fest ich kann
um in ihr zu erblühen

1998

- Verknistert -

Nun,
da du abgesprungen bist,
du die Strähnen der Zeit
in die Leere warfst,
kommen deine leisen Worte
so lässig in meine Ohren

Nun,
da die Spannung verknistert ist,
die Blitze nicht mehr treffen,
sie erloschen sind,
fassen deine Hände
mich weicher an

Nun,
da die Beziehung normal wurde,
die Blicke freundlicher strahlen
und neugieriger erscheinen,
ist deinen leichten Küssen
die große Schwere genommen.

1996

- Lächeln im Frühling -

Er macht sich nichts daraus
Aus den Worten des Zweifels
Aus den Gipfeln vor dem Abgrund
Er kennt den Graben vor der Liebe
das Leiden im Herbst
und das Lächeln im Frühling

Hinterhergelaufen und eingefangen
umschlingt er das Eroberte
Er reißt es mit in seine Gefühle
Unaufhörlich lebt er es
Das Leiden im Herbst
und das Lächeln im Frühling

Gebannt im kreisenden Luftloch
lasse ich es mit mir geschehen
Ich greife nach dem Ganzen
und er zeigt mir immer wieder
das Leiden im Herbst
und das Lächeln im Frühling

1996

- Blinzeln -

Der frühe Morgen
Den Laden aufgezogen
Voller Freude fortgerannt
den Stunden entgegen
Die blauen Augen sind zurück
und schenken mir ein Blinzeln

Am Blumenladen Halt gemacht
und der Rose ergeben
Dornenstiche hingenommen
Der Zeit Beine gemacht
Die blauen Augen sind zurück
und schenken mir ein Blinzeln

Der Auftritt im Café
Den Tisch am Fenster besetzt
Mein Blick klebt an der Tür
Er tritt ein und lacht
Die blauen Augen sind zurück
und schenken mir ein Blinzeln

1996

- Liebe -

Unendlich zärtlich
ist der Hauch der Liebe,
der aus deinen Lippen kommt

Ich bin gefangen
in dem göttlichen Bann,
der deinen seidigen Körper umgibt

Wir begehren uns
und entdecken darin
die Philosophie des Lebens

Du gibst mir das Gefühl
die Freiheit des
Wunderschönen zu erleben

Ich glaube fest daran,
dass dies die lebenserfüllende
Liebe ist

1988

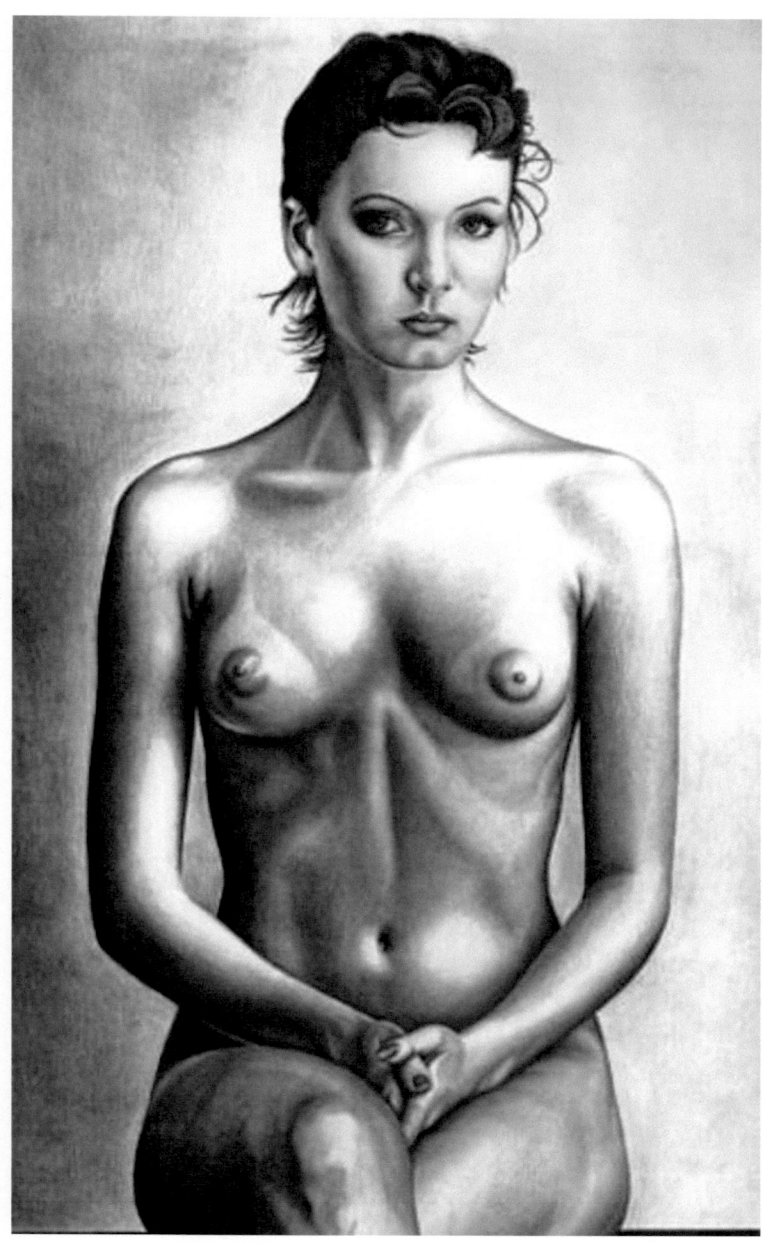

- Träne -

Rinnend und glitzernd
Mit Licht veredelt
wird sie wahrhaftig
auf deiner Wange

Salzig und feucht
Spuren hinterlassend
scheint sie voller Scheu
auf deiner Wange

Fallend und tropfend
Dahingehend und zerstäubt
bleibt sie Vergangenheit
auf deiner Wange

2010

Erwacht von einem fremden Geruch
Beim Umwälzen entdecke ich
den Ursprung dieser Ungewöhnlichkeit
Unrasiert und verwuschelt,
so unangenehm angenehm
Lover, schlag deine Augen auf
zum ersten Blick

Das eine Bein ertastet den Boden
und die Aufstehakrobatik verhindert
das Verrutschen der leichten Decke
Das zerrissene Hemd auf dem Stuhl,
die Socken vor dem Bett
Lover, schlag deine Augen auf
zum ersten Blick

Langsam zum Bad getappelt
und dem Spiegel kunstvoll ausgewichen
Am Beckenrand festgehalten
Die Hand an der Stirn und kopfschüttelnd
zurück, durch den Türspalt geschaut
Lover, schlag deine Augen auf
zum ersten Blick

1996

Danksagung:

Ein Dank an alle erwiderten und unerwiderten Lieben
meines Lebens. Aus ihnen entstammte die Kraft etwas
künstlerisches zu schaffen.

Freunde und Familie bestärkten mich immer wieder zu
schreiben. Euch verdanke ich diese Sammlung von
Gedichten, Texten und Gedanken.

Euch allen widme ich dieses Buch und ich freue mich
auf noch mehr Inspirationen in der Zukunft.

Sascha A. Wanke, August 2010

Zeichnungen von Otti Wanke:

Umschlag: Traumvision, 1978
(Bleistiftzeichnung, 31 x 31 cm)

Seite 7: Lichtblick, 1986
(Bleistiftzeichnung, 40 x 30 cm)

Seite 11: Frauenbeine, 1993
(Bleistiftzeichnung, 50 x 35 cm)

Seite 16: Hyperion, 1999
(Bleistiftzeichnung, 70 x 48 cm)

Seite 21: Frau im Morgenmantel, 1988
(Blei- und Kohlezeichnung, 57 x 30 cm)

Seite 27: Erwartung, 1987
(Blei- und Kohlezeichnung, 25 x 35 cm)

Seite 33: Turbine, 2001
(Bleistiftzeichnung, 60 x 43 cm)

Seite 35: Ganymed, 1998
(Bleistiftzeichnung, 67 x 50 cm)

Seite 37: Metamorphose, 2000
(Bleistiftzeichnung, 70 x 53 cm)

Seite 43: Männerakt, 1995
(Blei- und Kohlezeichnung, 30 x 50 cm)

Seite 47: Pumps, 1986
(Bleistiftzeichnung, 36 x 48 cm)

Seite 51: Akt, 1986-1988
(Bleistiftzeichnung, 43 x 70 cm)

Seite 56: New York, 1995-1997
(Blei- und Tuschezeichnung, 42 x 60)

Ausgang

Der Vorhang fällt und das Buch ist (fast) am Ende. Die Frage bleibt: Haben sie eigene „Augenblicke" in diesem Buch wiedergefunden? Sollten sie sich nicht sicher sein können sie zu jeder Zeit einzelne Szenen erneut in Augenschein nehmen. Ich danke für ihre Zeit und hoffe ihnen hat es gefallen. Bevor sie nun den Buchdeckel schließen lade ich sie ein auf meiner Homepage zu schnuppern. Sie finden mich im Internet auf der Seite: http://www.sasch-home.de

Für den persönlichen Kontakt steht ihnen meine E-mail Adresse zur Verfügung:
autor-wanke@gmx.de

Vielleicht lesen wir uns bald wieder.

Sascha A. Wanke (*1971) schreibt seit 1986 Texte, Gedichte und kabarettistische Sketche. „Augenblicke" ist sein erster Gedichtband. Als Kabarettist stand er mit Freunden von 1990 bis 1997 auf der Bühne. Nebenbei spielte er verschiedene Theaterrollen und war/ist aktiv in der Gießener Hochschul- und Kommunalpolitik. Wanke studierte Politikwissenschaften in Gießen (ohne Abschluss) und ist geprüfter fremdsprachlicher Wirtschaftskorrespondent. Nebenbei verfasst er Artikel über Kunst, Literatur und Musik auf Internetplattformen und anderen Publikationen, wie z. B.: für das Gießener Kunstmagazin „Bogart".

Otti Wanke (1949-2003) widmete sich seit 1989 fast ausschließlich seiner künstlerischen Begabung. Die eigenwillig ins Bild gesetzten Motive seiner in Blei- und Buntstiften gezeichneter Bilder bedürfen keiner Interpretation. Mit einem Hang zur Liebe zum Detail und dem Ehrgeiz, auch schwierige Bildausschnitte in einer eigenen Zeichentechnik perfekt zu reproduzieren, wurden die Motive sorgfältig ausgewählt, wobei der Mensch im Vordergrund stand. Allein die Kunst, den „menschlichen" Motiven einen erotischen Hauch zu geben, verleiht den Bildern eine unverkennbare Note. Otti Wanke versuchte bei seinen Bildern den Übergang zwischen Zeichnung und Realität zu verwischen, und erzeugte damit eine unbeschreibliche Tiefe und Faszination.

- Ein kleiner Tod -

Da huscht etwas
über dein Gesicht
Ein kleiner Schatten
Er verbleibt

Da schwebt etwas
über deinem Kopf
Er kleiner Engel
Er verbleibt

Da kriecht etwas
über deinen Köper
Ein kleiner Tod
Er verbleibt

2006